RODRIGO COSTA LEITE

IMPROBIDADE ADMINISTRATIVA

Problemáticas trazidas pela lei n.º 14.230/21

Sumário

IMPROBIDADE ADMINISTRATIVA: problemáticas trazidas pela lei n.º 14.230/21

ADMINISTRATIVE IMPROBITY: issues brought by law no. 14.230/21

RESUMO

O corrente estudo tem por intuito analisar as inovações trazidas pela novel lei, bem como, especificamente, identificar as consequências que tais modificações causam no ordenamento jurídico, mediante pesquisa bibliográfica, pelo método dedutivo. Nesse contexto, apresenta as origens da palavra improbidade, passando, após, aos conceitos e natureza da Lei de Improbidade no hodierno ordenamento jurídico, discernindo as correntes divergentes sobre sua natureza no âmbito do Direito Administrativo Disciplinar e apresentando as correspondentes consequências jurídicas. Ainda, apresenta as principais modificações trazidas pela Lei n.º 14.230/21, analisando suas consequências. Finalmente, demonstra o entendimento do Supremo Tribunal

Federal sobre a temática, com foco na segurança jurídica, principalmente devido à atual necessidade de dolo a todos os atos ímprobos e à celeuma acerca da retroatividade da nova lei modificadora.

Palavras-chave: Improbidade Administrativa. Lei n.º 14.230/21. Segurança Jurídica. Direito Administrativo Disciplinar.

ABSTRACT

The current study aims to analyze the innovations brought by the new law, as well as, specifically, to identify the consequences that such changes cause in the legal system, through bibliographical research, by the deductive method. In this context, it presents the origins of the word improbity, moving on to the concepts and nature of the Law of Improbity in today's legal system, discerning the divergent currents about its nature in the scope of Disciplinary Administrative Law and presenting the corresponding legal consequences. Still, it presents the main changes brought by Law no. 14.230/21, analyzing its consequences. Finally, it demonstrates the understanding of the Federal Supreme Court on the subject, focusing on legal certainty, mainly due to the current need for malice for all dishonest acts and the uproar about the retroactivity of the new modifying law.

Keywords: Administrative improbity. Disciplinary Administrative Law. Law no. 14.230/21. Legal Security.

1 INTRODUÇÃO

A Lei n.º 8.429/92, chamada de Lei de Improbidade Administrativa (LIA), dispõe sobre as bases e sanções em que se fundam o cometimento da improbidade, sendo tal ato constantemente praticado em todo o brasil, caracterizando-se como antiético e generalizado. Por ter conhecimento de tal conjuntura, o constituinte originário deu respaldo a esse instituto no artigo 37 da CRFB/88.

Com o advento da Lei n.º 14.230/21, diversos dispositivos anteriormente contidos na Lei de Improbidade Administrativa foram modificados ou revogados, gerando diversas problemáticas no direito pátrio. Tal repercussão jurídica, além de ter sido causada pela tipificação de alguns dispositivos novos ou modificação dos já existentes, também remonta à interpretabilidade da natureza da lei de improbidade (se atribuível a princípios da esfera penal ou não).

É nessa seara que se desenvolve o presente trabalho, que expõe, em seu corpo, desde as origens da palavra improbidade até os entendimentos doutrinários mais atuais. Tem, assim, o objetivo de analisar as inovações trazidas pela novel lei, bem como, especificamente, identificar as consequências que tais modificações causam no ordenamento jurídico.

Os citados intuitos têm como base dirimir as problemáticas da aplicação das modificações trazidas, tendo em vista a relevância do estabelecimento de uma sólida segurança jurídica no ordenamento pátrio, constituindo, portanto, importante temática a ser debatida e analisada.

Assim, este trabalho propõe-se a sanar aspectos relativos às problemáticas trazidas pelas novas alterações na Lei de Improbidade

Administrativa, trazendo ao debate, ainda, as diferentes correntes sobre a natureza desta lei e as consequências que cada ponto de vista distinto traz, havendo, a depender do ponto de vista, o afrouxamento ou a rigidez no combate a atos ímprobos, através da atual necessidade de dolo para todos os atos ímprobos, além da celeuma sobre a retroatividade da nova lei modificadora. Ademais, o estudo revela o posicionamento do Supremo Tribunal Federal acerca de alguns assuntos abordados.

A metodologia baseou-se na busca de fontes de caráter fundamentalmente bibliográfico, a exemplo de artigos científicos e doutrinas. Soma-se a isso a utilização do método focado na parte dedutiva.

2 ORIGENS DA LEI DE IMPROBIDADE ADMINISTRATIVA E CONSIDERAÇÕES SOBRE SUA NATUREZA

A palavra probidade vem das palavras latinas *probus* e *probitas*, que significa aquilo que nasce bem, aquilo que é bom. Esse termo era aplicado principalmente a plantas e evoluiu para o sentido moral. Hodiernamente, segundo Neves (2022), o vocábulo "probidade", do latim *probitate*, significa aquilo que é bom, correspondendo diretamente à honradez, à honestidade e à integridade. A improbidade, ao contrário, deriva do latim *improbitate*, que significa imoralidade, desonestidade.

Contrariamente, os recursos públicos utilizados para ações inúteis e imorais, sem atender ao interesse público e aos princípios administrativos, com grande desproporção ao valor gasto para o bem da sociedade, representa o oposto da ideia de probidade. O gestor administrativo não é o proprietário dos bens que administra, portanto, seu papel é apenas realizar ações administrativas que tenham incentivos válidos e reais que beneficiem as pessoas, caso contrário ele deve ser responsável por seus atos.

A administração da máquina pública é caracterizada por um alto nível de improbidade. E essa atuação distorcida e danosa dos atores públicos é o fator dominante que impede a melhoria da qualidade de vida dos brasileiros e o desenvolvimento equilibrado do país.

A Constituição Federal de 1988 deu início ao estabelecimento de princípios e normas pertinentes à moralidade e à injustiça administrativa, majoritariamente em seu art. 37, que declarou a moralidade como princípio explícito da administração pública, e seu parágrafo quarto afirmando que a improbidade tem consequências punitivas, como suspensão de direitos políticos, perda de cargo público, bens e indenização ao erário. Segundo Pietro (2022, p. 1019):

> A inclusão do princípio da moralidade administrativa na Constituição foi um reflexo da preocupação com a ética na Administração Pública e com o combate à corrupção e à impunidade no setor público. Até então, a improbidade administrativa constituía infração prevista e definida apenas para os agentes políticos. Para os demais, punia-se apenas o enriquecimento ilícito no exercício do cargo. Com a inserção do princípio da moralidade na Constituição, a exigência de moralidade estendeu-se a toda a Administração Pública, e a improbidade ganhou abrangência maior, porque passou a ser prevista e sancionada com rigor para todas as categorias de servidores públicos e a abranger infrações outras que não apenas o enriquecimento ilícito.

Consoante Pietro (2022), quando se fala em probidade e moralidade administrativa, não basta a legalidade formal/ restrita, da atuação administrativa, com observância da lei, pois é preciso também a observância de princípios éticos, de lealdade, de boa-fé, de institutos que assegurem a boa administração e a disciplina interna na Administração Pública.

Adotar uma atitude mais digna visando erradicar a decadência de caráter que afeta a administração do interesse público foi um dos principais interesses da Assembleia Constituinte de 1988. Com base nas normas constitucionais, surge a Lei n.º 8.429/1992, cuja finalidade é regular os casos de improbidade, esclarecer questões, sanções, medidas processuais, indenizações ao erário.

Nesse ínterim, entende-se que o aparecimento da improbidade administrativa leva ao esgotamento do patrimônio público, ao enfraquecimento da eficácia da ação estatal, ao aparecimento de percepções equivocadas sobre a administração, atores públicos e impunidade, enriquecimento ilegal de funcionários e indivíduos em detrimento da qualidade, economia e eficiência dos serviços públicos.

Enquanto há consenso acerca da origem e objetivos da LIA (Lei de Improbidade Administrativa), existem duas correntes predominantes sobre sua natureza jurídica: uma entendia que seus efeitos eram de natureza administrativa e patrimonial, ou seja, de direito civil; a outra argumentava que continha em grande parte conteúdo penal, por isso deveria ser tratado como tal. Todavia, hodiernamente, o entendimento da maioria, no campo da teoria e da jurisprudência, é no sentido de que se qualifica como medida civil de reparação dos danos, pois contém mistura de responsabilidade civil e responsabilidade administrativa.

Nesse sentido, informa Pietro (2022, p. 1024):

> [...] a improbidade administrativa, embora possa ter consequências na esfera criminal, com a concomitante instauração de processo criminal (se for o caso) e na esfera administrativa (com a perda da função pública e a instauração de processo administrativo concomitante) caracteriza um ilícito de natureza civil e política, porque pode implicar a suspensão dos direitos políticos, a indisponibilidade dos bens e o ressarcimento dos danos causados ao erário.

Determinado ato de improbidade pode ser considerado crime, se puder ser identificado como ilícito penal definido no Código Penal ou em legislação penal. Isso decorre da redação do dispositivo da Constituição, quando foi acrescentado, depois de observadas as medidas sancionatórias pertinentes, que a lei estabelecerá sua forma e alcance "sem prejuízo da ação penal cabível". Assim, pode acontecer que algum ato de improbidade equivalha a um crime reconhecido em lei, a saber, a um dos crimes contra a Administração Pública previstos no capítulo correspondente do Código Penal ou a algum crime de responsabilidade.

Destarte, tem-se que o ato de ímprobo, de per si, não constitui crime, mas pode equivaler também a um crime, caso em que a apuração da improbidade será concomitante com o processo penal; as punições previstas no artigo 37, § 4º, da Constituição da República, não possuem a natureza de sanções criminais, pois, se tivessem, faria sentido a exceção exposta na última parte do parágrafo, ao prever a aplicação das sanções nele indicadas "sem prejuízo da ação penal cabível".

Portanto, a natureza do previsto constitucionalmente informa que a improbidade, conquanto possa ter consequências na esfera penal, com a instauração de processo criminal simultaneamente, se for cabível, e na seara administrativa – com perda da função pública e instauração de processo administrativo síncrono – constitui um ilícito de essência civil e política, haja vista implicar em indisponibilidade de bens, ressarcimento à Fazenda Pública e suspensão dos direitos políticos.

3 A INSERÇÃO DA LEI DE IMPROBIDADE ADMINISTRATIVA NO DIREITO ADMINISTRATIVO SANCIONADOR (DAS): SEMELHANÇAS E DIFERENÇAS COM O DIREITO PENAL

Gonçalves e Grilo (2021) conceituam o Direito Administrativo Sancionador (DAS) como: "expressão do efetivo poder de punir estatal, que se direciona a movimentar a prerrogativa punitiva do Estado, efetivada por meio da Administração Pública e em face do particular ou administrado".

Neste sentido, há de se destacar os ensinamentos de Osório (2019) ao afirmar que, quando o chamado direito punitivo passa a incidir no campo de Direito Administrativo, passa a ser nomeado como Direito Administrativo Sancionador, considerando que a sua definição passa a estar ligada ao conceito de sanção administrativa.

Seguindo nesta linha de raciocínio, o referido autor assim define o conceito de sanção administrativa:

> Consiste a sanção administrativa, portanto, em um mal ou castigo, porque tem efeitos aflitivos, com alcance geral e potencialmente pro futuro, imposto pela Administração Pública, materialmente considerada, pelo Judiciário ou por corporações de direito público, a um administrado, jurisdicionado, agente público, pessoa física ou jurídica, sujeitos ou não a especiais relações de sujeição

com o Estado, como consequência de uma conduta ilegal, tipificada em norma proibitiva, com uma finalidade repressora ou disciplinar, no âmbito de aplicação formal e material do Direito Administrativo. A finalidade repressora, ou punitiva, já inclui a disciplinar, mas não custa deixar clara essa inclusão, para não haver dúvidas. (OSÓRIO, 2019, p. 105)

Tanto o Direito Administrativo Sancionador quanto o Direito Penal possuem um pilar em comum: o *jus puniendi*. Conquanto, eles se expressam mediante lados diferentes deste conceito, dadas as suas vicissitudes, reforçando a autonomia e distinção entre ambos. Segundo Eche (2021), mesmo que o Direito Penal contribua, mediante sua principiologia, na elaboração de instrumentos a fomentar o DAS, é inviável que não seja sopesado que o DAS possui finalidades distintas e que está alicerçado em uma gama principiológica própria que, geralmente, não converge com aquela que alimenta o Direito Penal.

Consoante Eche (2021, p. 5):

> [...] não há dúvidas de que o DAS cuida de uma disciplina própria, com predicados particulares e inserido no âmbito do Direito Administrativo. E, ainda que o Direito Penal possa fornecer instrumentos para o desenvolvimento da disciplina, é absolutamente incongruente defender a tese de uma transposição pura e simples do arcabouço principiológico do Direito Penal para o Direito Administrativo Sancionador. Tal agir engendraria uma verdadeira subversão dos valores e dos princípios próprios desse ramo do Direito. Isso porque, na órbita administrativa propriamente dita, o DAS visa à preservação do interesse coletivo e dos princípios da Administração Pública; já na órbita judicial, a essas finalidades se agrega principalmente a tutela da moralidade administrativa enquanto direito fundamental, finalidades essas não tuteladas pelo Direito Penal com a mesma profundidade.

Em sentido semelhante também existe a ideia de ser necessário fugir da concepção comum de que, enquanto nas normas administrativas busca-se a tutela exclusiva dos interesses e valores da própria Administração Pública, nas normas penais haveria uma proteção generalizada, voltada ao social.

Este "novo" ramo denominado Direito Administrativo Sancionador não precisa se limitar à autorregulação da Administração Pública e, por assim ser, suas normas não ficam subordinadas a estruturas internas do Estado, podendo servir ao propósito de "reforçar a proteção de valores inerentes à ordem jurídica" (OSÓRIO, 2019, p. 120). Neste sentido, assim pode ser sintetizado o diálogo entre o Direito Penal e o Administrativo Sancionador na tutela de valores:

> [...] como diz Suay Rincón, os ilícitos administrativos estão, à semelhança

do que ocorre com os ilícitos penais, a serviço de valores substantivos. Não parece razoável distinguir normas penais de normas administrativas a partir dos valores tutelados ou da imoralidade inerente a umas ou outras infrações. Valores éticos podem e devem ser protegidos pelo Direito Administrativo. Inexiste óbice nesse sentido. Basta que a presença reguladora ou sancionadora do Estado seja reclamada pela realidade social. E o Direito Penal, a seu turno, está cada vez mais pragmático, tutelando interesses difusos e coletivos, muito mais centrado na defesa de direitos constitucionais do que propriamente na justificação moral de seus preceitos proibitivos. (OSÓRIO, 2019, p. 121)

Ambos os ramos do direito esboçam características institucionais e constitucionais diferentes. É inadmissível que, no DAS, os direitos do réu possuam primazia assim como acontece na área penal, o que denota valores e interesses diferentes nos dois. É por isso que, segundo Eche (2021), no Direito Administrativo, há prevalência do coletivo, característica essa que não importa em reconhecer juízo de exceção, ditatorial ou, ainda, que ao réu não serão garantidos os direitos e garantias que lhes são próprias. Porém, as garantias e os direitos devidas estão num contexto de devido processo judicial que envolve matéria de Direito Administrativo, cujas penas não envolvem privação da liberdade.

Com isso, fica claro que esta crescente expansão do Direito Administrativo Sancionador para o campo da regulação social é conhecida como parte do processo de "administrativização" do Direito Penal, em que condutas socialmente relevantes passam a ser tuteladas pelo Direito Administrativo Sancionador, para resguardar o Direito Penal como *ultima ratio* (OLIVEIRA; GROTTI, 2020); de maneira recíproca, há uma "penalização" do Direito Administrativo Sancionador, relacionada ao transplante radical de direitos e garantias fundamentais, assim como discutido no Direito Penal e Processual Penal para este outro setor. (OLIVEIRA; GROTTI, 2020)

Assim, resta pontuar que, independentemente do fato de as sanções administrativas não disporem do mesmo condão das sanções penais de restrição da liberdade individual, é notório que diversos outros direitos individuais são postos em xeque quando da aplicação de uma dada sanção administrativa, conforme ocorre na Lei de Improbidade Administrativa, tanto em relação à sua redação original, quanto em relação as recentes modificações legislativas implementadas na mesma.

Somente diante de tais observações passa a ser possível compreender melhor a necessidade de que a atuação da Administração Pública, enquanto detentora do poder punitivo, seja balizada por critérios mínimos, a fim de que não sejam violados os direitos daqueles que, seja

no âmbito administrativo ou penal, tornam-se alvo
do   exercício   deste   poder.

4 PROBLEMÁTICAS TRAZIDAS PELA LEI N.º 14.230/2021

4.1 (Des)Necessidade Do Dolo

Consoante Costa e Barbosa (2022), dolo é a vontade livre e consciente de alcançar um resultado ilícito, que, no caso da Lei de Improbidade Administrativa (LIA), está tipificado em seus arts. 9º, 10 e 11.

Com a reforma da Lei de Improbidade Administrativa (LIA) pela Lei n.º 14.230/21, não basta a voluntariedade do agente público, sendo imprescindível que o autor deseje praticar a conduta e alcançar determinado resultado, sendo insuficiente, a saber, assinar um documento sem realmente conhecer séu teor. Assim, todos os atos de improbidade agora dependem da demonstração do dolo, inclusive a improbidade por lesão ao erário (art. 10), que anteriormente era admitida em sua modalidade culposa (mediante culpa *stricto sensu*). Assim, conforme agora se prevê na LIA, já alterada pela Lei n.º 14.230/2021: "Considera-se dolo a vontade livre e consciente de alcançar o resultado ilícito tipificado nos arts. 9º, 10 e 11 desta Lei, não bastando a voluntariedade do agente". (BRASIL, 1992, art. 1º, §2º)

Nesse sentido, de acordo com Costa e Barbosa (2022, p. 69-70):

> Será doloso o ato de improbidade quando o agente quis o resultado (dolo direto) ou assumiu o risco de produzi-lo (dolo eventual). Dolo, portanto, pode ser conceituado como a vontade consciente dirigida a realizar (ou aceitar realizar) a conduta prevista no tipo administrativo sancionador. Com efeito, o dolo é componente subjetivo da conduta, composto por dois elementos: o

volitivo, ou seja, a vontade de praticar a conduta prevista na norma, e o intelectivo, traduzido na consciência da conduta e do resultado. Não se admite, diferentemente do que ocorre na Lei Anticorrupção, a responsabilidade objetiva no âmbito da Lei n. 8.429/1992. Nem se admite, ainda, a prática do ato a título de culpa, como permitido no artigo 186 do Código Civil. Por derradeiro, o mero exercício da função ou desempenho de competências públicas, sem comprovação de ato doloso com fim ilícito, afasta a responsabilidade por ato de improbidade administrativa. Do mesmo modo, reforça-se a necessidade de haver dolo e não apenas uma mera voluntariedade.

Dentro desse escopo, surge, portanto, uma patente controvérsia sobre a possível impunidade doravante, tendo em vista que, como já exposto, para configuração do ato de improbidade, o sujeito passivo agora precisa possuir, em seu íntimo, a finalidade específica de alcançar o resultado ilícito causado pela improbidade. Nesse sentido, Martins (2021, p. 02) também enuncia:

> [...] no dolo específico, é preciso demonstrar um especial fim de agir, ou seja, realizar o tipo com uma finalidade especial em mente; [...] haverá improbidade quando o agente agir de modo consciente e voluntário para se enriquecer ilicitamente, lesar o erário ou violar princípio regente da Administração, não bastando a mera voluntariedade do agente em praticar o ato sem fim ilícito; ou seja, não há improbidade sem má-fé.

Todavia, adotando opinião contrária, posiciona-se Justen Filho (2022) ao sustentar a importância desta alteração na coibição da banalização do instituto, sendo possível consolidar o caráter de instituto jurídico diferenciado da improbidade administrativa, ficando a aplicabilidade de suas sanções, que dispõem de características igualmente distintas, condicionadas tão somente aos casos em que é possível verificar a intencionalidade da prática do ato reprovável.

Nesta toada, o referido autor entende ainda que a inserção do dolo como requisito para a aplicação da sanção serviu tão somente para concretizar a importância dada pela Constituição Federal à improbidade administrativa quando fixou regime de responsabilização próprio e rigoroso entendendo, ainda, que a nova desconsideração da culpa não necessariamente serve para acarreta a chamada transigência com condutas danosas ao patrimônio público e, muito menos, para configurar admissão quanto à prática de corrupção, considerando que tais condutas permanecem sendo reprimidas por outros diplomas legais, ou seja, a exigência do dolo funcionaria de forma oposta, de maneira a elevar o grau de gravidade ato ímprobo, naturalmente reprovável, ao ponto de ser possível a aplicação de sanções sui generis no ordenamento jurídico.

Com isso, esta nova delimitação dos atos que efetivamente alcançam o status de ímprobos passa a funcionar como uma resposta ao elevado número de demandas judiciais propostas que possuíam, a priori, o intuito de ver reparada a lesão à Administração Pública, mas que na prática, se utilizavam de meio gravoso e, muitas vezes, desproporcional à conduta praticada, eis que deve ser sempre feita, impreterivelmente, a distinção entre má gestão de efetiva e intencional prática de ato ímprobo, para que o rigor da condenação jurídico-política da improbidade seja aplicado somente na segunda hipótese, sob pena de banalização do instituto.

4.2 (Ir)Retroatividade Da Lei Mais Benéfica

Relativamente à aplicabilidade no tempo de modificações feitas pela Lei 14.230/21, há de se distinguir se as normas a serem analisadas são de natureza processual ou material.

Quanto às normas de natureza processual, é aplicado o princípio da imediatidade, pois as inovações se aplicam aos processos em curso. Além disso, o art. 14 do Código de Processo Civil impõe a aplicabilidade imediata da norma processual ao processo ainda em curso, ressalvados atos processuais praticados e situações jurídicas consolidadas enquanto a norma revogada vigia. Já em sede de recurso, a doutrina majoritária entende que deve ser regido pela lei vigente na época da decisão recorrida.

Já no caso de normas de natureza material, consoante Costa e Barbosa (2022), o artigo 5º, caput, inciso XXXVI, da Constituição da República, aplica-se a todo diploma infraconstitucional, sem qualquer distinção entre lei de direito público ou de direito privado. Destarte, em regra, a lei nova apenas regulamenta casos futuros, fazendo com que somente os atos praticados após a entrada em vigor da Lei n.º 8.429/92 e, mais recentemente, da Lei n.º 14.230/2021, estejam sujeitos às sanções por elas previstas.

Ainda, segundo Costa e Barbosa (2022), celeuma mais acirrada diz respeito à possibilidade de incidência retroativa das normas materiais mais benéficas trazidas pela Lei n.º 14.230/21. Acerca do tema, há duas correntes prevalentes: a primeira posição advoga inexistir previsão legal ou constitucional para a retroatividade de normas materiais de cunho civil-administrativo, com respaldo no artigo 6º, caput, da LINDB, e no artigo 5º, inciso XXXVI, da Constituição Federal; já a segunda posição defende ser possível a aplicação do princípio da retroatividade da norma mais benéfica no âmbito do Direito Administrativo Sancionador, pois, não obstante o artigo 5º, caput, inciso XL, da Constituição da República, faça referência apenas a "lei penal", tal dispositivo deve ser interpretado como um princípio jurídico geral, aplicável a toda manifestação do *jus puniendi*, seja na condição de Direito Penal, seja na de Direito Administrativo Sancionador.

Mais detalhadamente, a segunda corrente possibilita retroatividade da lei mais benéfica, mesmo em âmbito administrativo, principalmente em face da extinção da improbidade por ato culposo. Conforme Neves e Oliveira (2022, p. 06):

> A extinção da modalidade culposa da improbidade administrativa deve gerar polêmicas em relação ao direito intertemporal. A questão é saber se a alteração do art. 10 da LIA, promovida pela Lei 14.230/2021, seria aplicável apenas aos atos praticados a partir da sua vigência ou se a nova redação do dispositivo legal poderia alcançar os atos praticados antes da sua vigência. De fato, a Lei 14.230/2021 entrou em vigor na data da sua publicação e não estabeleceu regra expressa sobre a questão aqui apresentada. É possível imaginar que parcela da

doutrina sustentará a aplicação da nova redação do art. 10 da LIA apenas aos atos praticados a partir da sua vigência, inexistindo repercussão sobre as ações de improbidade administrativa, fundamentada em improbidade culposa, na forma da redação originária do art. 10 da LIA, praticada antes da entrada em vigor da Lei 14.230/2021. Nesse caso, a provável justificativa seria o princípio da irretroatividade das normas.

Assim, Neves e Oliveira (2022) defendem que seria possível a aplicação retroativa da atual redação do art. 10 da LIA, para alcançar fatos passados, com a descaracterização dos atos de improbidade praticados de forma culposa. Isso porque o princípio da retroatividade da lei mais favorável, explicitamente indicado no âmbito do Direito Penal (art. 5º, XL, conforme consta na Constituição da República: "a lei penal não retroagirá, salvo para beneficiar o réu"), seria aplicável no DAS.

Embora haja explícita referência a "lei penal", tal princípio deve ser aplicado, também, ao DAS, de forma que incidiria, assim, no campo da improbidade administrativa. Por conseguinte, a norma mais benéfica deve retroagir para favorecer o réu na interpretação e aplicação dos dispositivos. Nesse sentido, Neves e Oliveira (2022) asseveram que a aplicação da retroatividade da norma sancionadora mais benéfica encontra previsão, ainda, no art. 9º do Pacto de São José da Costa Rica, que não limita a incidência do princípio ao Direito Penal, motivo pelo qual seria plenamente concebível a sua aplicação às ações de improbidade, sendo, ainda, reforçada a possibilidade da retroatividade da norma mais benéfica na improbidade administrativa pelo art. 1º, § 4º, da LIA, inserido pela Lei n.º 14.230/2021, que determina a aplicação dos princípios constitucionais do Direito Administrativo Sancionador ao sistema da improbidade.

Cumpre salientar que o Superior Tribunal de Justiça, em 20/02/2018, no julgamento do RMS 37.031/SP, decidiu de forma favorável à aplicabilidade do princípio da retroatividade da lei penal mais benéfica no âmbito do DAS:

> DIREITO ADMINISTRATIVO. PROCESSUAL CIVIL. RECURSO EM MANDADO DE SEGURANÇA. PROCESSO ADMINISTRATIVO DISCIPLINAR. PRINCÍPIO DA RETROATIVIDADE DA LEI MAIS BENÉFICA AO ACUSADO. APLICABILIDADE. EFEITOS PATRIMONIAIS. PERÍODO ANTERIOR À IMPETRAÇÃO. IMPOSSIBILIDADE. SÚMULAS 269 E 271 DO STF. CÓDIGO DE PROCESSO CIVIL DE 1973. APLICABILIDADE. [...] III – Tratando-se de diploma legal mais favorável ao acusado, de rigor a aplicação da Lei Municipal n. 13.530/03, porquanto o princípio da retroatividade da lei penal mais benéfica, insculpido no art. 5º, XL, da Constituição da República, alcança as leis que disciplinam o direito administrativo sancionador. Precedente. IV – Dessarte, cumpre à Administração Pública do Município de São Paulo

> rever a dosimetria da sanção,
> observando a legislação mais
> benéfica ao Recorrente, mantendo-se
> indenes os demais atos processuais.
> [...] VI – Recurso em Mandado de
> Segurança parcialmente provido.
> (BRASIL, 2018, p. 01)

Como visto, a nova redação conferida ao art. 10 da LIA, pela Lei n.º 14.230/21, que excluiu a modalidade culposa de improbidade administrativa por lesão ao erário, deve, de acordo com esta segunda corrente doutrinária, retroagir para alcançar fatos passados, sustentando, assim, a visão de que o Direito Penal e o Direito Administrativo Sancionador são dois ramos jurídicos diferentes que decorrem de um *jus puniendi* estatal único, inexistindo diferença ontológica, mas apenas de regimes jurídicos, em conformidade com a discricionariedade conferida ao legislador. (NEVES e OLIVEIRA, 2022)

Ainda, ressalta-se que, segundo Cavalcante (2022, p. 06):

> [...] o agente público que culposamente causar dano ao erário, embora não mais responda por ato de improbidade administrativa, poderá responder civil e administrativamente pelo ato ilícito. Logo, essa conduta culposa deixou de ser ato de improbidade, mas ainda pode ser punida.

Destarte, não é porque a conduta deixou de ser tipificada como improbidade que ela passou a ser impunível, havendo falar somente em sua descaracterização perante a Lei de Improbidade Administrativa.

4.3 Posição Do STF Sobre A Temática

Conforme já exposto, em 26 de outubro de 2021, com a vigência da Lei n.º 14.230/2021 (que modificou a LIA), deixou de existir, no ordenamento pátrio, a tipificação de atos ímprobos culposos. Tal conjuntura levou a várias celeumas doutrinárias e jurisprudenciais acerca da retroatividade dessa nova lei para anular atos de improbidade pretéritos a ela, praticados com culpa.

Nesse sentido, o STF, no julgamento com repercussão geral do Recurso Extraordinário com Agravo (ARE 843989/PR), em 18 de agosto de 2022, fixou algumas teses para a resolução dos impasses sobre a temática, a saber:

> 1) É necessária a comprovação de responsabilidade subjetiva para a tipificação dos atos de improbidade administrativa, exigindo-se — nos artigos 9º, 10 e 11 da LIA — a presença do elemento subjetivo — DOLO; 2) **A norma benéfica da Lei 14.230/2021 — revogação da modalidade culposa do ato de improbidade administrativa —, é IRRETROATIVA**, em virtude do artigo 5º, inciso XXXVI, da Constituição Federal, **não tendo**

> **incidência em relação à eficácia da coisa julgada**, nem tampouco durante o processo de execução das penas e seus incidentes; 3) **A nova Lei 14.230/2021 aplica-se aos atos de improbidade administrativa culposos praticados na vigência do texto anterior da lei, porém sem condenação transitada em julgado**, em virtude da revogação expressa do texto anterior; devendo o juízo competente analisar eventual dolo por parte do agente. (BRASIL, 2022, p.06, grifo nosso)

Destarte, o STF adotou posição mista em relação às duas correntes apresentadas anteriormente, tendo em vista que promulga a irretroatividade das disposições materiais da nova lei para casos já transitados em julgado, ao passo que permite, todavia, a retroatividade da lei à lide se ainda não tiver havido o trânsito em julgado.

Assim, consoante Cavalcante (2022), o STF entendeu que a alteração de remoção do ato culposo não retroage para absolver pessoas que já tenham sido condenadas com trânsito em julgado por esse delito, pois o art. 5º, XXXVI, da CF/88 dispõe que a lei não pode prejudicar a coisa julgada. Tal explicação também leva em conta a imposição do sistema jurídico vigente, lastreado no princípio da segurança jurídica,

Nesse ínterim, o STF (BRASIL, 2022, p. 07) defende:

> Por força do art. 5º, XXXVI, da CF/1988, **a revogação da modalidade culposa do ato de improbidade administrativa**, promovida pela Lei 14.230/2021, **é irretroativa, de modo que os seus efeitos não têm incidência em relação à eficácia da coisa julgada**, nem durante o processo de execução das penas e seus incidentes. (Grifo nosso)

Segundo o STF (BRASIL, 2022), o princípio da retroatividade da lei penal mais benéfica – instituído no art. 5º, XL, da CF – não se aplica automaticamente para a responsabilidade por atos ilícitos civis de improbidade administrativa, por falta de expressa previsão legal e sob pena de desrespeito à constitucionalização das regras rígidas de regência da Administração Pública e responsabilização dos agentes públicos corruptos com flagrante desrespeito e mitigação do direito administrativo sancionador.

Tal princípio se baseia em vicissitudes do direito penal, que está vinculado à liberdade do criminoso (princípio do *favor libertatis*), fundamento este inexistente no DAS. Trata-se de regra excepcional que, portanto, deve ser interpretada de forma restritiva, prestigiando-se a regra geral da irretroatividade da lei e a conservação dos atos jurídicos perfeitos, principalmente devido ao fato de que, no âmbito da jurisdição civil, é prevalente o princípio *tempus regit actum*, tendo previsão, inclusive, no art. 6º da Lei de Introdução às Normas do Direito Brasileiro (Decreto-Lei n.º 4.657/42), conforme se observa a seguir: "Art. 6º A Lei em vigor terá efeito imediato e geral, respeitados o ato jurídico perfeito, o direito adquirido e a coisa julgada". (BRASIL, 1942, p. 01)

Não obstante, relativamente a processos que ainda estavam em curso quando a lei alteradora da LIA começou a viger, haverá, sim, aplicação desta nova lei, desde que – frise-se – não exista condenação transitada em julgado. Conforme esposado pelo Supremo Tribunal Federal:

> **Incide a Lei 14.230/2021 em relação aos atos de improbidade administrativa culposos praticados na vigência da Lei 8.429/1992, desde que não exista condenação transitada em julgado**, cabendo ao juízo competente o exame da ocorrência de eventual dolo por parte do agente. Diante da revogação expressa do texto legal anterior, não se admite a continuidade de uma investigação, uma ação de improbidade, ou uma sentença condenatória por improbidade com

Todavia, decidiu-se que a incidência dos efeitos da nova lei aos fatos passados não significa a extinção automática das demandas, pois o juízo competente deve fazer uma anterior verificação do exato elemento subjetivo do tipo: se houver culpa, não se prosseguirá com o feito; todavia, se, apesar de não haver culpa, houver dolo, prosseguirá.

Essa medida é necessária porque, como a aplicabilidade da Lei n.º 8.429/92 imprescindia da definição de dolo ou culpa, a imputação muitas vezes era alegada genericamente, sem especificação do elemento subjetivo do tipo. Destarte, todos os atos processuais até então praticados são válidos, inclusive as provas produzidas, as quais poderão ser compartilhadas no âmbito disciplinar e penal, assim como a ação poderá ser utilizada para fins de ressarcimento ao erário. (BRASIL, 2022)

5 CONSIDERAÇÕES FINAIS

Constata-se, assim, que as alterações promovidas na Lei de Improbidade Administrativa – LIA – visam a dar caráter menos corriqueiro ao ato ímprobo, de modo que só será previsto em casos de dolo direto. Tal conjuntura se dá majoritariamente através da remoção dos atos culposos, fato este que enseja o questionamento sobre a retroatividade desta lei para agentes que estão sendo processados por essas tipificações culposas, atualmente revogadas.

Nesse ínterim, vislumbrou-se que, para a solução da contenda sobre a possível retroatividade, há de se estabelecer a natureza jurídica da LIA. Essa medida se faz necessária para compreender se o princípio da retroatividade da norma mais benéfica, prevista na CRFB/88 e aplicável no âmbito penal, seria passível de uso no âmbito do Direito Administrativo Sancionador (DAS), no qual os atos de improbidade estão inseridos.

Para esse exame, há duas correntes distintas, em que uma defende que o DAS é exteriorização do *jus puniendi* estatal e, portanto, deve sofrer ação da citada norma constitucional, enquanto a outra advoga a falta de previsão constitucional para aplicação do princípio referido no Direito Administrativo. Não obstante, há manifestação do Supremo Tribunal Federal favorável à irretroatividade da revogação dos atos culposos.

Como resultado, surgem diversas opiniões a respeito dos resultados que tais alterações, na prática, trarão. Alguns autores defendem que elas vieram para ajudar a evitar a banalização do instituto, com o fito de somente punir os administradores públicos que efetivamente se mostrarem desonestos.

Todavia, apesar dessa visão, também há correntes defendendo que, na verdade, essas mudanças buscam enfraquecer o instituto, que por sua vez restará inaplicável, dada a complexidade para demonstração do dolo direto no cotidiano forense, em que já era tarefa quase inexequível a condenação de um agente ímprobo, mesmo que lastreada na mera culpa.

REFERÊNCIAS

BRASIL. [Constituição (1988)]. **Constituição da República Federativa do Brasil de 1988**. Brasília, DF: Presidência da República, 1988. Disponível em: http://www.planalto.gov.br/ccivil_03/constituicao/constituicao.htm. Acesso em: 26 out. 2022.

BRASIL. Decreto-Lei n.º 4.657, de 4 de setembro de 1942. Lei de Introdução às normas do Direito Brasileiro. **Diário Oficial da União**, Brasília, DF, 09 set. 1942. Disponível em: https://www.planalto.gov.br/ccivil_03/decreto-lei/del4657.htm. Acesso em: 27 out. 2022.

BRASIL. Lei n.º 8.429, de 2 de junho de 1992. Dispõe sobre as sanções aplicáveis aos agentes públicos nos casos de enriquecimento ilícito no exercício de mandato, cargo, emprego ou função na administração pública direta, indireta ou fundacional e dá outras providências. Dispõe sobre as sanções aplicáveis em virtude da prática de atos de improbidade administrativa, de que trata o § 4º do art. 37 da Constituição Federal; e dá outras providências. **Diário Oficial da União**, Brasília, DF, 3 jun. 1992. Disponível em:

http://www.planalto.gov.br/ccivil_03/leis/l8429.htm
. Acesso em: 27 out. 2022.

BRASIL. Lei n.º 14.230, de 25 de outubro de 2021. Altera a Lei n.º 8.429, de 2 de junho de 1992, que dispõe sobre improbidade administrativa. **Diário Oficial da União**, Brasília, DF, 26 out. 2021. Disponível em: https://www.planalto.gov.br/ccivil_03/_Ato2019-2022/2021/Lei/L14230.htm. Acesso em: 27 out. 2022.

BRASIL. Superior Tribunal de Justiça (1ª Turma). **RMS nº 37.031/SP**. Direito administrativo. Processual civil. Recurso em mandado de segurança. Processo administrativo disciplinar. Princípio da retroatividade da lei mais benéfica ao acusado. Aplicabilidade. Efeitos patrimoniais. Período anterior à impetração. Impossibilidade. Súmulas 269 e 271 do STF. Código de processo civil de 1973. Aplicabilidade. Recorrente: Antônio de Pádua Gatto. Recorrido: Município de São Paulo. Relator(a): Minª Regina Helena Costa, 20 de fevereiro de 2018. Disponível em:https://scon.stj.jus.br/SCON/GetInteiroTeorDoAcordao?num_registro=201200167415&dt_publicacao=20/02/2018. Acesso em: 28 out. 2022

BRASIL. Supremo Tribunal Federal. Informativo n.º 1065/2022. In: ______. **Nova Lei de Improbidade Administrativa e eficácia**

temporal – ARE 843989/PR. 1065 ed. Brasília: Secretaria de Altos Estudos, Pesquisas e Gestão da Informação, 2022. p. 06-09. ISSN 2675-8210. Disponível em: https://www.stf.jus.br/arquivo/cms/informativoSTF/anexo/Informativo_PDF/Informativo_stf_1065.pdf. Acesso em: 25 out. 2022.

CAVALCANTE, Márcio André Lopes. **As mudanças promovidas pela Lei 14.230/2021 no elemento subjetivo e na prescrição da improbidade administrativa retroagem?** Buscador Dizer o Direito, Manaus. Disponível em: <https://www.buscadordizerodireito.com.br/jurisprudencia/detalhes/38840678620308eadd98d8632df3d6d4>. Acesso em: 23 out. 2022

COSTA, Rafael de Oliveira; BARBOSA, Renato Kim. **Nova Lei de Improbidade Administrativa**: de acordo com a Lei n. 14.230/2021. São Paulo: Almedina, 2022. 326 p. ISBN 978-65-562-7470-6.

DELGADO, José Augusto. Improbidade Administrativa: algumas controvérsias doutrinárias e jurisprudenciais sobre a Lei de Improbidade Administrativa. **Informativo Jurídico da Biblioteca Ministro Oscar Saraiva**, Brasília, v. 14, n. 1, p. 1-106, 2002. Disponível em: https://www.stj.jus.br/publicacaoinstitucional/index

.php/informativo/author/proofGalleyFile/404/363. Acesso em: 10 out. 2022.

ECHE, Luís Mauro Lindenmeyer. **O Direito Administrativo Sancionador e a falta de simetria com o Direito Penal**. [S. l.: s. n.], 2021. 6 p. Disponível em: https://www.conjur.com.br/2021-dez-09/luis-eche-direito-administrativo-sancionador-direito-penal. Acesso em: 28 out. 2022.

GONÇALVES, Benedito; GRILO, Renato César Guedes. Os princípios constitucionais do direito administrativo sancionador no regime democrático da constituição de 1988. **Revista Estudos Institucionais**, v. 7, n.º 2, p. 468. Disponível em: https://www.estudosinstitucionais.com/REI/article/view/636. Acesso em: 20 out. 2022.

JUSTEN FILHO, Marçal. **Reforma da Lei de Improbidade Administrativa:** Comparada e Comentada. São Paulo: Forense, 2022. E-book.

MARTINS, Tiago do Carmo. **O dolo na nova Lei de Improbidade Administrativa**. [S. l.: s. n.], 2021. 4 p. Disponível em: https://www.conjur.com.br/2021-dez-03/tiago-martins-dolo-lei-improbidade-administrativa. Acesso em: 30 out. 2022.

NEVES, Daniel Amorim Assumpção; OLIVEIRA, Rafael Carvalho Rezende. **Comentários à Reforma da Lei de Improbidade Administrativa**: Lei 14.230, de 25.10.2021, comentada artigo por artigo. Rio de Janeiro: Forense, 2022. 144 p. ISBN 978-65-596-4295-3.

OLIVEIRA, José Roberto Pimenta; GROTTI, Dinorá Adelaide Musetti. Direito administrativo sancionador brasileiro: breve evolução, identidade, abrangência e funcionalidades. **Revista Interesse Público - IP**, Belo Horizonte, v. 22, ed. 120, p. 83-126, mar./abr. 2020. Disponível em: https://www.prefeitura.sp.gov.br/cidade/secretaria s/upload/CEJUR%20-%20PGM/CEJUR%20Clipping/5%C2%AA%20Edi%C3%A7%C3%A3o/Artigos/3.pdf.Acesso em: 27 out. 2022.

OSÓRIO, Fábio Medina. **Direito Administrativo Sancionador**. 6ª ed. rev. e atual. São Paulo: Thomson Reuters Brasil, 2019.

PAZZAGLINI FILHO, Marino. **Lei de Improbidade Administrativa Comentada**: aspectos constitucionais, administrativos, civis, criminais, processuais e de responsabilidade fiscal. Legislação e jurisprudência atualizadas. 1° ed. São Paulo: Atlas, 2002.

PIETRO, Maria Sylvia Zanella Di. **Direito administrativo**. 35. ed. Rio de Janeiro: Forense, 2022. 1120 p. ISBN 978-65-596-4303-5.

SILVEIRA, Clariana Oliveira da. Um breve histórico da improbidade administrativa no Brasil. **Boletim Jurídico**, Minas Gerais, ano 14, n. 752, 16 fev. 2011. Disponível em: https://www.boletimjuridico.com.br/artigos/direito-administrativo/2156/um-breve-historico-improbidade-administrativa-brasil. Acesso em: 20 out. 2022.

SOUSA, Fátima Gilda Ferreira Almeida de. **A Natureza das Sanções Aplicadas pela Lei de Improbidade**. [*S. l.: s. n.*], 2014. 20 p. Disponível em: http://www.publicadireito.com.br/artigos/?cod=5001e11e24d2f4e7. Acesso em: 25 out. 2022.

SPITZCOVSKY, Celso. **Direito Administrativo Esquematizado**. 5. ed. São Paulo: SaraivaJur, 2022. 912 p. ISBN 978-65-555-9625-0.